Lebendige Stille – Betrachtungsgärten in Japan

Alles ist genau und im Augenblick der Erfahrung ein anderes

Walter Flemmer

Lebendige Stille

Betrachtungsgärten in Japan

Stürtz Verlag Würzburg

Gestaltung: Jürgen Roth, Würzburg

Satz, Repro, Druck- und Bindearbeiten:
Universitätsdruckerei H. Stürtz AG, Würzburg

ISBN 3 8003 0313 2

Inhalt

Gärten als Kunstwerke

Gärten als Kunstwerke, Gärten als Räume für die Betrachtung und Meditation, Gärten, die mehr als unsere Gärten Ausdruck eines besonders intensiven Naturerlebens, einer einzigartigen Nähe zur Natur sind, Ausdruck eines Wissens um das Zusammensein von Mensch und Natur.

Gärten in Japan: bewunderte, besuchte Kunst-Räume, in denen heute die Stille immer wieder durch Touristengruppen gestört wird. Räume, die aber in die von den Gartenkünstlern mit angelegte Stille zurückkehren, wenn die Besucher gegangen sind, wenn sich langsam der Abend einnistet in die Steinsetzungen, Bäume und Büsche, die Moospolster und winzigen Wasserflächen.

Stille der Gärten auch am frühen Morgen, wenn noch nicht die allgemeine Geschäftigkeit begonnen hat, wenn die Luft noch frisch ist. Dann mag den Besucher jene Stille umfangen, gefangennehmen, die ein Mönch empfunden hat, der vor einigen hundert Jahren auf den Holzplanken der Veranda sitzend in den Garten hinaussah.

Es ist eine ferne und gelegentlich fremde Kunst, die sich uns in strengen Maßen und Ordnungen vorstellt. Der Zugang aber ist nicht schwer, wenn man gelernt hat, genau hinzusehen.

Die Bilder und Texte dieses Buches wollen einladen zum ruhigen Betrachten, zum Erkennen der geistigen Ordnungen, die vor allem in den berühmten Zen-Gärten Kyotos so sinnfällig geworden sind.

Und dann mag der eine oder andere eine Anregung mit in seinen Garten nehmen, dort eine Pflanze so zu setzen, daß sie nicht von anderen erdrückt wird, hier einen Stein an einen bestimmten Ort zu legen, einer einzelnen Kiefer Raum zu geben, damit sie ihre Schönheit ausbreiten kann, damit ihre Schönheit sichtbar wird.

Eine Anregung, sich nicht mit industriell vorgefertigten Betonplatten zu begnügen, wenn ein Weg gelegt werden soll, sondern sich von den ungeraden Wegen aus natürlichen Steinen wirklich führen, die Schritte vom Maß des Weges bestimmen zu lassen.

Materialien und Ordnungen werden genannt, Orte und Besonderheiten beschrieben, wichtig aber erscheint, daß dem Auge die Maße, das Gemessene des japanischen Gartens deutlich werden, daß auch das geistige Auge sich öffnet.

In Japan ist das traditionelle Haus Teil des

Gärten: Räume für die Meditation

Einer einzelnen Kiefer Raum geben, damit sie ihre Schönheit entfalten kann

Das Haus öffnet sich hin zum Garten

Gartens, und der Garten kommt gleichsam in das Haus hinein.
Das Haus öffnet sich hin zum Garten. Man schiebt die Holztüren zurück und hat die Natur im Zimmer. Vor dem Haus die Veranda: ein Platz, um sich niederzusetzen und auf die gestaltete Kleinlandschaft zu schauen.
Auf der Veranda sitzt man, um dem aufgehenden Mond zuzusehen, um den Vogelstimmen und dem Quaken der Frösche zu lauschen.
Auch die Kaiser und Fürsten haben sich in Japan solche Veranden bauen lassen, solche zur Natur hin offenen Häuser, weil sie, in der jahrhundertalten Tradition stehend, die Natur liebten und die Stille, weil sie die Natur als Teil ihres Lebensumkreises ansahen.
»Alle Gärten sind Schöpfungen der Muße«, schreibt der Engländer Derek Clifford in seinem Buch ›Geschichte der Gartenkunst‹. Und er fährt fort: »In einer menschlichen Gesellschaft, die alle Energien nötig hat, um zu überleben, gibt es jedoch keine Voraussetzung dafür. Erst wenn die Gesellschaft Zeit und Kraft im Überfluß besitzt, wird ein Teil dieser Reserven frei, um sich an den Reizen eines umfriedeten Raumes und dessen Bepflanzung oder an der unberührten Landschaft zu vergnügen. Die Art und Weise der Gestaltung dieser Dinge und die

Vor dem Haus die Veranda: ein Platz, um sich niederzusetzen und auf die gestaltete Kleinlandschaft zu schauen

daraus erwachsende Freude hängt zum Teil von den gegebenen Möglichkeiten, mehr aber noch von den seelisch-geistigen Bedürfnissen des Menschen ab. Ein Garten ist das Idealbild des Menschen von der Welt, und da die meisten Menschen von der Gesellschaft, deren Teil sie sind, geprägt werden, so folgt daraus, daß der Garten jeder Gemeinschaft und jeder Periode, die Traumwelt der Zeitgenossen spiegelt und das Wunschbild der betreffenden Epoche ist.«
Diese Feststellungen gelten in besonderer Weise vom japanischen Garten.

Die Ordnungen des Gartens sind der Natur abgesehen

Mit Gärten hat Japan einige seiner bedeutendsten Kunstwerke hervorgebracht. In Gärten, zu denen erste Anregungen wie auch der Buddhismus aus China kamen, hat Japan die Kunst des Gestaltens mit der Natur zur höchsten Form entwickelt.

Japanische Gartenkunst ist das Ergebnis einer geistig-seelischen Konzeption, und sie schafft Räume für ein geistig-religiöses Verhalten.

Während in Europa Gärten Ausdruck der Herrschaft des Menschen über die Natur geworden sind, ordnen sich in Japan der Mensch und sein Werk in die Natur ein.

Die Ordnungen des japanischen Gartens sind der Natur abgesehen, abgelauscht, sie sind erlebte, gewachsene und erlebbare Ordnungen.

Der japanische Garten ist von religiösen Vorstellungen und Traditionen mitgeformt. Taoismus und Buddhismus haben ihn mitgestaltet.

Der japanische Garten ist nicht reich, nicht bunt. Er prunkt nicht mit Farben und Blumen. Zunächst mag er karg erscheinen. Nur wenige, ausgewählte Pflanzen, einige Blüten ziehen die Aufmerksamkeit auf sich.

Da sind wenige, naturbelassene Steine, da ist Sand, da sind kleine Wasserflächen. Aber nicht einfach diese einzelnen Elemente sind es, die das Wesen eines Gartens ausmachen, sondern ihre Verbindungen zueinander, die Komposition, die sie verbindet, zu einem unvergleichlichen Ganzen macht. Und der Garten steht nicht für sich. Er gehört zu einem Tempel, einem Palast, einem Wohnhaus. Er ist auf die Menschen bezogen, die in ihm leben, die ihn zu ihrem Lebens-Raum gemacht haben.

Auch der Garten der Kaiserlichen Villa war nicht als Repräsentationsraum für Staatsgeschäfte gebaut, sondern wurde vom Kaiser und seinen Gästen bewundert und sogar in Gedichten gepriesen. Die Villa besitzt eine ›Veranda zur Betrachtung des Mondes‹. Sie ist so gebaut, daß man im Frühjahr das Wunder der japanischen Kirschblüte und im Herbst besonders gut den Mond betrachten kann. »Der japanische Garten drückt weniger Humanitas und weniger Poesie als der chinesische aus, aber in seinen besten Äußerungen finden wir reinere Ideen und mehr von einer Art, die man, wenn auch zögernd, ›mystisch‹ nennen möchte«, schreibt Clifford.

Mystisch kann aber hier nichts Verschwommenes, Unklares meinen, denn gerade in der Kultur des Zen ist Klarheit ein entscheidender Begriff. Mystisch meint die innige Verbundenheit allen Empfindens mit der Natur, mit den Jahreszeiten. So wie ein Großteil der japani-

Nur wenige, ausgewählte Pflanzen, einige Blüten ziehen die Aufmerksamkeit auf sich

Wenige, naturbelassene Steine – Der Garten steht nicht für sich, er gehört zu einem Tempel, zu einem Palast, zu einem Wohnhaus. – Die Landschaft, die Natur: zentrales Thema auch der japanischen Kunst. – Die japanische Landschaft: zerklüftete Küsten von unterschiedlichster Gestalt. – Ein Land der Vulkane und heißen Quellen

schen Lyrik Jahreszeitenlyrik ist, so führen auch die Gärten den Besucher und Betrachter durch die verschiedenen Stimmungen der Jahreszeiten.
Die Landschaft ist das zentrale Thema der japanischen Kunst, und auch in den Gärten wiederspiegelt sich die Landschaft, wird Landschaft dargestellt. Das besondere Gespür für die Natur, die besondere Verbundenheit des Japaners mit ihr, kommen nicht von ungefähr. Die japanischen Insellandschaften sind vielfältiger, abwechslungsreicher als die Landschaften anderer Länder. Der japanischen Landschaft fehlt die Gleichförmigkeit kontinentaler, großer Länder. Vulkanexplosionen, Erdbeben, wolkenbruchartige Regenfälle, lang andauernde Nieselregen, ausgeprägte Wechsel der Jahreszeiten gehören zum alltäglichen Erleben. Die Küsten sind zerklüftet, von unterschiedlichster Gestalt, größere und kleinere Inseln, undurchdringliche Wälder, Bäche und Wasserfälle bestimmen das Bild der japanischen Landschaft. Und all das kehrt in der Kunst wieder, all das kehrt wieder

Ein Land der Wasserfälle

in symbolischen Andeutungen in den Gärten.
Die Natur wurde schon im Shintoismus, der ältesten in Japan heimischen Religion, verehrt. Sie ist lebendig und von Geistern belebt, Bäume, Steine sind selbst Geistwesen. Mit dem Buddhismus, der in der 2. Hälfte des 6. Jahrhunderts über China nach Japan kam, und besonders im Zen-Buddhismus wird die Naturverbundenheit vertieft.
Und schon in den ältesten Anweisungen zur Gartengestaltung heißt es, daß Gärten ein Abbild der natürlichen Landschaft sein sollen. Indem der Japaner den noch so winzigen Garten vor seinem Haus zum Abbild, zum Miniaturbild der natürlichen Landschaft werden läßt, erlebt, erfährt er sich selbst als Teil der Natur, lebt er in einer Landschaft. Für ihn steht nicht der Mensch in der Mitte des Kosmos. Steine, Pflanzen, das Wasser, alles lebt, steht gleichberechtigt nebeneinander. Der japanische Garten ist ein Garten zur Betrachtung, auch zur Versenkung. Seine Schönheit soll den Betrachter in eine ästhetische Stimmung versetzen. Der Betrachter erlebt den Garten wie er ein Theaterstück erlebt, wie er ein Gedicht erlebt.
Und in den höchsten, intensivsten Augenblicken der Versenkung wird ihm eine geistige, religiöse Erfahrung geschenkt.

Kleine Geschichte der japanischen Gartenkunst

Wie für den Zen-Buddhismus, die Kalligraphie und Tuschmalerei, übernahm Japan auch für die Anlage von Gärten Anregungen aus China. Dort hatten sich schon in früher Zeit Formen des Landschaftsgartens herausgebildet, die der Meditation dienten.
Die Geschichte des japanischen Gartens aber beginnt schon vor diesen Einflüssen und Anregungen aus China. Das ausgeprägte Naturverständnis geht zurück auf die japanische Frühzeit, in der die Bauern begannen, Reis anzupflanzen und damit die Natur in eine Kulturlandschaft verwandelten.
Auch Japans älteste Religion, der Shintoismus ist ohne Beziehung zur Natur nicht denkbar. Der Ahnenkult führt in die Natur; Berge, Bäume, Wasserläufe, Steine wurden als Ausdruck göttlicher Wesen verehrt.
Auch um die berühmten Schreine in Ise gibt es offene Räume, hervorgehobene Plätze, an denen die Geister der Ahnen und andere Geister in besonderer Weise anwesend sind. Bei den Schreinen begegnen sich Menschen und Geister. Dieser leere Platz, häufig mit Steinen bedeckt, hat sich als Element in der späteren Gartengestaltung erhalten.
Die eigentliche Entwicklung des japanischen Gartens aber setzte erst im 7. Jahrhundert ein. Etwa um 610 – in dieser Zeit tritt Mohammed zum ersten Mal auf; 630 erobert er mit den Muslims Mekka, und in Arles beginnt man mit dem Bau der Kathedrale – am Beginn des 7. Jahrhunderts also kam mit einer Gruppe von koreanischen Einwanderern Michiko no Takumi nach Japan. Er galt als Spezialist in der Kunst, in Miniaturform den heiligen Berg Sumeru zu gestalten, der sich nach buddhistischer Lehre im Mittelpunkt des Universums erhebt.
Der Buddhismus breitete sich von der zweiten Hälfte des 6. Jahrhunderts an rasch in Japan aus, Tempelanlagen entstanden, und Ausgrabungen in der alten Hauptstadt Nara konnten die Existenz von Gärten nachweisen, in denen es Flußufer, Steinsetzungen, Teiche und Hügel gab. Der Koreaner Michiko no Takumi hatte wohl einen der ersten Gärten geschaffen, in dem der Weltberg zu sehen war. Ein solcher Garten war immer auch Abbild des »westlichen« Paradieses, des ›reinen Landes‹, in dem Amida Buddha, der erbarmende Buddha, zuhause ist. Alle Gärten, die vor dem 9. Jahrhundert exi-

stierten, muß man aus historischen und literarischen Quellen und den spärlichen Andeutungen, die bei den Ausgrabungen sichtbar wurden, erschließen. Die Gärten enthielten einen Teich oder See, deren Uferlinie Abbild der vielen pittoresken japanischen Küsten ist. Steine und Pflanzen wurden wohl schon damals so arrangiert, daß sie ein Miniaturbild der großen Natur darstellen konnten.

Als 794 Kyoto die neue Hauptstadt Japans wurde, waren die Grundelemente der japanischen Gartenkunst gefunden und wurden Schritt um Schritt mehr verfeinert.

In und um Kyoto entstanden die bedeutendsten Gärten im Lauf der nächsten Jahrhunderte. Zum Kunstwerk wurde der Garten in der sogenannten Heian-Zeit (794–1185). Sie war eine Zeit der Aristokratie. Die Gärten, die entstan den, dienten dazu, höfisches Leben zur Geltung zu bringen. Man befuhr mit Booten die Teiche und feierte prunkvolle Feste.

Der Garten war ein Platz für Vergnügungen, auch wenn er Abbild des himmlischen Paradieses war.

Die Geschichte des Prinzen Genji, ein berühmter japanischer Roman, geschrieben 1001 bis 1020 von der Dame Murasaki Shikubu, enthält viele Beschreibungen der Gärten, in denen die höfische Gesellschaft die Jahreszeiten bei festlichen Zusammenkünften erlebte.

Neben den Palastgärten entwickelten sich die Paradiesgärten, Zeichen dafür, daß der Amida-Buddhismus sich in Japan ausbreitete, denn die Schilderung des Paradieses als eines herrlichen Gartens ist für ihn besonders kennzeichnend. Auch von diesen Gärten sind nur noch Reste erhalten, der Teichgarten im unteren Teil der Ryoan-ji-Tempelanlage in Kyoto und der Byodo-in in Uji. Die sogenannten Paradiesgärten kamen im 11. und 12. Jahrhundert zu höchster Blüte. Noch heute kann man in der Nähe von Kyoto einen der Tempel-Paradiesgärten bewundern. Der kaiserliche Ratgeber Fujiwara Yoromichi baute diesen Garten des ›Reinen Landes‹, in dessen Mitte der Amida-Buddha in der Tempelhalle thront. Schon damals war der Garten so berühmt, daß man sagte: Willst du das Paradies sehen, so geh' nach Uji. Heute tragen Garten und Tempel den Namen Byodo-in.

Wenn am Abend die große goldene Buddhastatue durch das Holzgitter des Tempels schimmert, auf den Garten hinausblickt und sich im davorliegenden Teich spiegelt, dann vermeint man wirklich einen Wiederschein des Paradieses wahrzunehmen. Und so recht kommen Tempel und Garten erst am Abend zu sich, wenn die

Bei den Schreinen von Ise, im Tempelbezirk von Haguro und in anderen Shintoheiligtümern begegnen sich Natur und Geisterwelt. – Der Teichgarten im unteren Teil des Ryoan-ji – Wenn am Abend die große goldene Buddhastatue durch das Holzgitter des Tempels schimmert und sich im Teich spiegelt

vielen Besucher dieses »Nationalschatzes« gegangen sind, die Tore versperrt wurden und nur noch die Mönche zugegen sind.
In der Kamakura-Zeit (1185–1392) wurden Gärten angelegt, in denen sowohl Paradies-Vorstellungen zur Geltung kommen wie auch die buddhistische Sicht des Daseins, daß unsere gegenwärtige Wirklichkeit von Gegensätzen und Elend bestimmt wird. Aus dieser Zeit stammt der Saiho-ji, der volkstümlich Kokedera, Moos-Garten genannt wird.
Tausend Jahre lang war Kyoto Hauptstadt und kultureller Mittelpunkt Japans.
In Kyoto, so kann man sagen, lösten sich die japanischen Gärten endgültig von den chinesischen Vorbildern. Die japanische Gartenkunst nahm eine eigene Entwicklung, an deren Höhepunkt die berühmten Zen- und Teegärten stehen. Das heißt, daß auch ein Weg beschritten wurde, der zu immer abstrakteren Formen fand.
So kam es, daß neben den Teichgärten, in denen sich Wasserflächen finden, wasserlose Gärten entstanden, in denen Steinsetzungen eine besondere Rolle spielen, Trockenlandschaftsgärten, in denen nur noch Steine, Sandflächen und vereinzelte Pflanzen die Aufmerksamkeit auf sich ziehen und die Sinne konzentrieren.
Neben den Meditationsgärten wurden freilich auch Adels- und Repräsentationsgärten angelegt, in der Muromachi-Epoche vom 14. bis zum 16. Jahrhundert und in der Edo-Epoche vom 17. bis zum 19. Jahrhundert.
Die Gärten des ›Goldenen Pavillons‹ und des ›Silbernen Pavillons‹ in Kyoto, in denen auch Elemente des feudalen Teichgartens und des Zen-Stils erscheinen, wie auch der Garten der kaiserlichen Villa Katsura Rikyu sowie der kaiserliche Landsitz Shugaku-in Rikyu sind die berühmtesten Beispiele der Garten-Anlagen dieser Epochen.
Die Anfänge des Trockenlandschaftsgartens finden wir in der Zeit vom 12. bis zum 15. Jahrhundert. Er hat sich aus Elementen des Teichgartens herausentwickelt und erreichte in den Gartenanlagen der Zen-Tempel vom 15. bis hinein in das 18. Jahrhundert seine höchste Entfaltung.
Ohne den Zen-Buddhismus wären diese Gärten nicht entstanden. Anfang des 13. Jahrhunderts kam der Zen-Buddhismus aus China in einer neuen Rezeptionswelle nach Japan und wurde rasch das die gesamte kulturelle Entwicklung bestimmende Element. In Kyoto, dem Zentrum des Zen-Buddhismus, entstanden große Tempelanlagen, zu denen auch Gärten gehören, grö-

Der Garten des Goldenen Pavillons

Der Trockenlandschaftsgarten im Daisen-in Tempel – Moos säumt die Wege

Ein moderner Zen-Garten: der Zuiho-in, ein expressiver Trockenlandschaftsgarten

Die Teezeremonie: bis heute lebendig gebliebener Teil der japanischen Kultur

ßere Gärten, aber auch kleine Binnengärten, sogenannte Tsuboniwa.
Die bedeutendsten Zen-Gärten, die berühmtesten Trockenlandschaftsgärten sind der Daisen-in aus der Tempelanlage des Daitoku-ji und der Ryoan-ji in Kyoto.
Während diese Gärten immer zu einem Tempel gehört haben, haben sich die Teegärten auch im privaten Bereich entwickelt. Auch die Tee-Gärten und mit ihnen verbunden die Tee-Zeremonie sind Zen-Kunstwerke. Ende des 16. Jahrhunderts entstanden, blieb die Tee-Zeremonie bis heute lebendig und ist Teil der japanischen Kultur geblieben.
Nach besonderen Regeln wird der Tee zubereitet und getrunken. Die Zeremonie vereint die eigens dafür zusammengekommenen Menschen. Für das Zubereiten und Trinken versammelt man sich in einer zum Garten hin zu öffnenden Teehütte oder im Teeraum eines Hauses oder Tempels.
Zur Teezeremonie gehört auch der Teegarten, auf den man hinausblickt und den man in einer ruhigen Stimmung langsam durchwandert. Im Teegarten trifft man keine wuchtigen, sich aufbauenden Kleinlandschaften mit großen Steinsetzungen an. Die meisten Teegärten sind sehr klein, das Grün einiger Pflanzen herrscht vor, Moos säumt die Wege, zeigt sich am Fuß einer Steinlaterne oder an einem Wasserschöpfstein. Die Atmosphäre des Teegartens soll ruhig und beruhigend sein, den Menschen nicht mit äußeren Reizen oder Überraschungen erregen.
Die Teezeremonie und der Teegarten sind Zeichen für die Einfachheit, allerdings für eine höchst künstlerische, ja raffinierte Einfachheit. Der Teegarten ist der Raum, der den Menschen von der alltäglichen Welt abgrenzt, der ihn in die Stille hineinführt. Auf den unregelmäßig gelegten Trittsteinen wird der Besucher bei jedem Schritt gelenkt und auch sanft gezwungen, auf den Boden zu sehen, achtsam zu sein und dabei immer neue Blicke auf Einzelheiten des Gartens zu gewinnen.
1853, mit der Ankunft des Commodore Perry in Japan endete die Isolation des Inselreiches.
Und in der Zeit der Meji-Restauration von 1868, dem Beginn der Industrialisierung und der Modernisierung Japans bis 1911 konnte sich die eigenständige japanische Kunst und Kultur kaum weiterentwickeln, da man von westlicher Kultur fasziniert war.
So konnte sich auch die Gartenkultur nicht fortentwickeln, und erst in der Zeit nach dem Pazifischen Krieg erwachte wieder das Interesse an den Gärten. Dazu trug auch das neu er-

wachte Interesse an Zen in der ganzen Welt bei. Neue Stein- und Betrachtungsgärten entstanden, orientierten sich an den berühmten Vorbildern.
Der Japaner Mirei Shigemori (1876–1975) verwendete in den von ihm geschaffenen Gärten vor allem die traditionellen Materialien: Sand, Steine, Büsche und Moos. Er legte schon 1939 auf dem Tofuku-ji-Zentraltempelbereich in Kyoto neue Gärten an. Und in einem Sub-Tempel des Daitoku-ji, im Zuiho-in, hat er einen expressiven Trockenlandschaftsgarten geschaffen.
Der 1914 geborene Ken Nakajima hat den Garten des Gyokydo-Museums in Ome bei Tokyo gestaltet, einen großartig einfachen, abstrakten Garten, der vom Ryoan-ji inspiriert ist und doch ganz modern bleibt.
In der modernen Architektur, auch außerhalb Japans fand und findet der japanische Garten als Gestaltungsmittel immer stärkere Beachtung. Die traditionellen Elemente Wasser, Steine, Sand, Hügel und einzelne Pflanzen können auch auf kleinstem Raum neue Orte der Ruhe und Erholung schaffen, gestaltete Natur erlebbar machen.

Geistige Prinzipien

Achtsamkeit

Eines Tages, so wird berichtet, hielt sich der Buddha in einem Park auf. Er unterwies seine Schüler wie an jedem Tag. Viele waren gekommen. Sie warteten darauf, daß er sie etwas Besonderes lehren werde. Doch er setzte sich und schwieg. Sein Schweigen machte einige ungeduldig. Nach einiger Zeit hielt er eine Blume in die Höhe.
Die meisten verstanden nicht, was er damit sagen wollte. Aber einer der Zuhörer lächelte. Er hatte begriffen.
Denn er hatte eingesehen, daß keine Worte die lebendige Blume hätten ersetzen können.
Der Buddha aber sagte: seht her, das ist der Weg, den ich euch zeige. Der Weg: unmittelbare, achtsame Erfahrung des Seins, des Lebens, des Lebendigen.

> Wenn du gehst, gehe,
> wenn du ißt, esse.

Im japanischen Garten wird der Besucher angehalten achtsam zu sein, genau auf das unscheinbare Wachsen der Moose zu sehen, den in den Sand gezogenen Linien zu folgen, die Schritte auf den Trittsteinen mit Bedacht zu setzen.
Vergehen und Wiedererstehen in der Natur, die Jahreszeiten, das einzelne Blatt, eine Blüte, das Grasbüschel, eine einzelne Pflanze, ein Stein, sie sollen achtsam wahrgenommen werden.
Der einzelne Augenblick, ein Kiefernzweig, der Laut eines Tieres: nichts ist außen, nichts ist innen. Wie in dem berühmten Kurzgedicht des japanischen Lyrikers Basho:

> Uralt der Weiher –
> da, der Sprung eines Frosches
> ein Ton im Wasser.

Aus der Stille und Ruhe entsteht die Achtsamkeit. Und so erfährt der im Garten Meditierende das Jetzt, den Augenblick als friedvollen, glückseligen Zustand.

Sorgsamkeit

Der japanische Garten ist das Ergebnis sorgsamster Pflege. Der Mensch greift in das ungezügelte Wachsen ein. Gärten sind von Menschen geplant und angelegt und sollen nicht verwildern.
So muß ständig Unkraut gejätet werden, so werden sorgsam jeden Morgen die herabgefalle-

Genau auf das unscheinbare Wachsen der Moose sehen

Das einzelne Blatt, die einzelne Blüte achtsam wahrnehmen

Der Mensch greift ein in das ungezügelte Wachsen

Ständig muß Unkraut gejätet werden, sorgsam werden herabgefallene Blätter und Kiefernnadeln entfernt

nen Blätter und Kiefernnadeln aus dem geharkten Sandbeet entfernt. So werden Sträucher und Bäume und Hecken beschnitten, in Form gehalten.
Auch das Setzen der Steine in eine Fläche erfordert ein sorgsames Abwägen. Jeder Stein steht zu seiner Umgebung, zu einem anderen Stein in Beziehung. Er kann nicht einfach da oder dort abgesetzt werden.
Die Einfriedungen sind Kunstwerke der sorgfältigen Aneinanderfügung von Bambusstäben. Auf der Fläche eines Bambuszaunes setzen die Strickverknüpfungen besondere Akzente, lassen dem Auge Muster wahrnehmen.
Es ist die nirgendwo sonst so anzutreffende Kunst der japanischen Gartenmeister, trotz sorgfältigster, bis in winzige Details gehender Planung, nie den Eindruck des Konstruierten, Künstlichen entstehen zu lassen. Der Garten fügt sich harmonisch in die Natur ein.
Wege, Mauern, Zäune und Tore, die Veranden der Häuser, die Holzkonstruktionen der Tempel, zu denen die Gärten gehören, alles ist mit unübertrefflicher, handwerklich-künstlerischer Sorgfalt ausgeführt.

Symbolik

Immer wieder begegnet man in japanischen Gärten symbolischen Anordnungen von Steinen oder Pflanzen.
Aus Korea und China übernommen wurden der Shumi-Berg. Ebenfalls aus China kam die Kure-Brücke schon in früher Zeit. Berg und Brücke waren fester Bestandteil der Ikonographie der ersten Gärten.
Der Shumi-Berg, Weltmittelpunkt in der buddhistischen Tradition, erscheint auch auf vielen Mandalabildern. Der den Berg verkörpernde, symbolisierende Stein ist im Garten ein kosmozentrisches Symbol und zwar für den Ort, an dem das Höchste, die Wahrheit, die Glückseligkeit präsent wird. Bei der Gruppierung von Steinen sind weniger die ästhetischen als symbolischen Gesichtspunkte wichtig. Die Dreiergruppierung steht dabei im Vordergrund, eine Zusammenstellung, die Himmel, Erde und Mensch symbolisiert und zusammen den ganzen Kosmos meint. Der größte der Steine steht für den Himmel, der mittlere für die Erde, der kleinste für den Menschen.
Symbolische Setzungen müssen nicht eindeutig sein. Beim Ryoan-ji haben sich viele Interpretationen angeboten. Man sagte, der Garten stelle

Der den Berg verkörpernde Stein: ein kosmozentrisches Symbol

Unergründliche Tiefe,
Überwindung der Welt und reine Stille

ein Weltmeer mit Inseln dar, eine andere Interpretation sieht in den Steingruppierungen Tiger mit ihren Jungen.
Doch vielleicht bestehen das Geheimnis und die Großartigkeit des Ryoan-ji gerade darin, daß er verschiedenen Interpretationen Raum läßt.
Die Darstellung des Shumi-sen, des Weltberges, verband sich in der Entwicklung der japanischen Gartenkunst mit der Abbildung des Horei-Berges. Der Horei-Berg erscheint im ebenfalls aus China stammenden Taoismus und ist eine aus dem Wasser sich erhebende Berginsel, auf der die Unsterblichen, Seligen, leben. Schon im 5. Jahrhundert war die Horei-Legende in Japan bekannt.
Neben der Darstellung des Horei-Berges finden sich, aus der gleichen religiösen Tradition stammend, Darstellungen von Inseln, d. h. Steingruppierungen in der Kranich- und Schildkrötenform. Sie werden als Symbole der Langlebigkeit betrachtet.
Das heißt, daß der japanische Garten auf geistigen Prinzipien beruht, daß er in Symbolgestalten dem Betrachter nicht nur ästhetische, sondern auch religiöse Eindrücke, Erfahrungen vermitteln möchte. Im Garten des Daisen-in finden sich all die genannten symbolischen Elemente beisammen. Da ist der Horei-Berg, da sind die Kranich- und Schildkröteninseln, und da ist auch ein steinernes Schatzschiff.
Dieser Trockenlandschaftsgarten ist also eine nachgeahmte Naturlandschaft, in der die Felslandschaften wie als Zitate erscheinen, doch darüber hinaus ist er auch symbolhafte Darstellung der Zen-Kunst-Prinzipien: Asymetrie, Einfachheit, ungekünstelte Natur, unergründliche Tiefe, Überwindung der Welt und reine Stille.

Das Lebewesen Baum

Immer wieder sieht man in der japanischen Naturlandschaft einzeln stehende Bäume. Auf den steilen, den Küsten vorgelagerten Felsen und kleinen Inseln sind meist Kiefern gewachsen. Sie haben zusammen mit den Felsen das Bild der japanischen Landschaft unverwechselbar geprägt und seit Jahrhunderten die Fantasie der Tuschmaler angeregt.
Aufragende Felsen und krüppelig wachsende Kiefern, über Abgründe reichende Zweige sind in den Tuschbildern stets wiederkehrende Elemente.
In den Landschafts- und Jahreszeitenbildern des Malers Sesshu sind sie mit wenigen Pinselstrichen hingesetzt. Und schon in einem alten chinesischen Gartenhandbuch der Malerei erscheint eine bizarr wachsende Kiefer dominierend in einem Bild.
Die Kiefer, der beliebteste japanische Gartenbaum, ist nach altjapanischem Glauben Wohnort göttlicher Geister. Die Hintergrundbilder der No-Bühne sind üblicherweise mit einer Kiefer bemalt und erinnern an den Glauben, das Spiel werde zu Ehren der Göttlichkeit des Baumes aufgeführt.

Auch die Kiefer wird im japanischen Garten geschnitten, gerupft und durch das Ausschneiden durchsichtig gemacht. Der Gärtner, der einen solchen Baum pflegt, sorgfältig ordnend schneidet, geht nicht einfach nur mit einem Gewächs um, sondern sieht in dem Baum ein Lebewesen aus dem selben Ursprung, aus dem auch der Mensch kommt.
Die Verehrung des Baumes ist Teil der in Japan traditionellen Religiösität. Die großen Schreinanlagen von Ise stehen in Zederngärten, in denen einzelne Bäume turmhoch aufgewachsen sind und kaum noch das Sonnenlicht durchlassen. Diese Zedern sind das Bauholz für die Tempel und sie werden als Lebewesen, als göttliche Wesen angesehen. Sie überdauern den Menschen.
Unter den Bäumen, in den Bambushainen, halten sich die Geister der Verstorbenen auf. Bäume sind Symbole des Lebens, des Wachsens. Das Fest der Kirschblüten versetzt ganz Japan in einen Taumel. Schon auf alten Bildern ist immer wieder dargestellt, wie unter den blühenden Bäumen sich die Menschen zum Picknick versammeln, wie sie Feste feiern und den Frühling erleben.
Im Frühling tauchen die Kirschbäume das Land in einen rosa Schimmer. Im Herbst färben sich

Immer wieder in der japanischen Naturlandschaft: einzeln stehende Bäume

Aufragende Felsen und krüppelig wachsende Kiefern: Elemente, die in den Tuschbildern wiederkehren

Turmhoch aufgewachsen die Zedern bei den Ise-Schreinen

die Blätter des Ahorn gelb und feurig rot. Da die Gärten kaum blühende Pflanzen aufweisen, wirkt das Rot um so intensiver, leuchtender. Das Lebewesen Baum hat für den Buddhisten auch deshalb eine besondere Bedeutung, weil Buddha unter einem Baum zur Erleuchtung gekommen ist.
Der Fürst Siddharta Shakyamuni, er lebte etwa 566 bis 483 v. Chr., entstammte einem nordindischen Adelshaus und wuchs in Reichtum und Luxus auf. Doch er verließ alle Annehmlichkeiten, als ihm das ganze Elend menschlicher Existenz beim Anblick von Alten, Kranken und Sterbenden aufgegangen war. Er kasteite sich, fand aber in der Askese keine Zufriedenheit und Ruhe.
Schließlich wählte er den Weg der meditativen Versenkung und erlangte eines Tages, nach langer Übung, beim Sitzen unter einem Feigenbaum, die Erleuchtung.
Wie ein Blitz ging in ihm eine neue Erkenntnis auf. Nun nannte er sich und wurde der Buddha genannt, der Erleuchtete, der Erwachte.

Die Kiefer: durch sorgfältig ordnende Pflege und Ausschneiden durchsichtig gemacht, geformt

Im Herbst färben sich die Blätter des Ahorn gelb und feurig rot

Elemente des japanischen Gartens

Steinsetzungen

Ein Stein ist ein Stein: diese Aussage ist nur scheinbar sinnlos, nur scheinbar sagt sie Selbstverständliches aus. Nur wer den Stein ganz als Stein wahrnehmen kann, wird begreifen, daß der Stein zugleich mehr ist, ohne sein Steinsein zu verlieren.
In japanischen Gärten haben Steine eine viel wichtigere Bedeutung als in unseren Gärten. Sie sind in bestimmte Ordnungen gesetzt, in den Boden eingesenkt. Jeder Stein ist er selbst in eigener Gestalt, und zugleich ist er zu anderen Steinen in Beziehung gesetzt.
Für den Shintoismus des frühen Japan waren Steine göttliche Wesen. In den Steinen hat sich etwas vom göttlichen Sein der Natur ausgebildet, ist feste Form geworden, unverrückbare Gestalt. Steine sind gleichsam von der Natur geschaffene Kunstwerke. Taoismus und Buddhismus knüpfen an die alten Vorstellungen an, und im Zen-Buddhismus wurden die Steinsetzungen schließlich zu einem der wichtigsten Gestaltungselemente der Gartenkunst.
Pflanzen verändern ihr Aussehen, sofern sie nicht durch Schnitt und Bindekünste so in die Form gebracht und in ihr gehalten werden, daß sie die vom Gärtner vorgesehene Gestalt behalten.
Steine aber behalten auch ohne die Hand des Menschen über die Jahrtausende hin ihre Erscheinung. Der Architekt des Gartens setzt mit ihnen Zeichen.
Sorgfältig wählt er, häufig zusammen mit dem Auftraggeber des Gartens, die Steine in der Natur aus und läßt sie in den Garten bringen. Es wird von langdauernden Suchreisen und beschwerlichen Steintransporten in der japanischen Gartenliteratur berichtet.
Steine repräsentieren, wie schon gesagt, in den frühen Gärten den buddhistischen Weltberg. Ein hoher Stein, umgeben von mehreren niedrigen Steinen. Eine Steingruppe, die auf einer Insel im Teich steht oder in der Mitte des Gartens.
Steine ziehen die Aufmerksamkeit des Betrachters auf sich. Sie besitzen eine eigene Magie, die dadurch unterstützt wird, daß sie sich aus dem Grün der Pflanzen, aus der Fläche des geharkten Sandes hervorheben und dominieren.
Steine verwandeln sich in einem kaum merkbaren Prozeß. Sie lassen sich von Flechten beset-

In Steinen hat sich etwas vom göttlichen Sein der Natur ausgebildet.
Sie werden verehrt und geschmückt

Steine sind von der Natur geschaffene Kunstwerke

zen, Moos wächst zu ihren Füßen. Der Regen wäscht sie, Schnee und Eis können sie aufsprengen. Steine sind wunderbare Wesen, Zeichen einer schier ewigen Dauer, Zeichen, die von der Natur geschaffen wurden, aber erst durch die besondere Anordnung im japanischen Garten in einzigartiger Weise zum Menschen sprechen.
Der Mensch kann die Steingestalten in seine Erfahrung hineinsehen, als Lebewesen sehen.
Aber es gilt auch, was ein Zen-Text sagt: eine Blume spricht nicht. Eine Blume ist eine Blume, ein Stein ist ein Stein.
Und der 740 gestorbene Zen-Meister Ch'ing-yüan Hsing-ssu sagte: »Vor meinem Zen-Studium, das dreißig Jahre lang dauerte, sah ich in den Bergen nur Berge und in den Flüssen nur Flüsse. Als ich im Lauf der Jahrzehnte mein Wissen vertiefte, erkannte ich, daß Berge keine Berge und Flüsse keine Flüsse sind. Nun aber, da mir der Kern des Zen aufgegangen ist, bin ich zur Ruhe gekommen. Und nur deshalb, weil ich Berge wieder als Berge und Flüsse als Flüsse sehe.«
Und ein anderer Weisheitslehrer des Ostens hat gesagt, Sehen und Nicht-sehen ist richtiges Sehen. Die Steine des japanischen Gartens öffnen dem Betrachter die Augen zum richtigen Sehen.

Wege, Trittsteine

Auch im japanischen Garten gibt es Wege.
Die Wege führen den Besucher, leiten ihn von Betrachtung zu Betrachtung.
Die Steine, auf denen man geht, zum Tempel hinauf, durch den Garten, haben eine Ordnung.
Sie sind mehr als nur notwendig, zweckhaft.
Die runden Formen, die Platten fügen sich dem Boden ein, sind in ihn eingebettet. Zwischen den Steinen wächst Moos, siedeln sich winzige Pflanzen an.
Wege durchziehen in einer leichten Biegung, wie gewachsen den Garten.
Die Trittsteine, kennzeichnend für den Tee- und Meditationsgarten, entstanden mit dem Aufkommen der Teezeremonie. Zur Teezeremonie gehört auch das Erlebnis des Gartens.
Teil der Teezeremonie ist es, daß die Gäste in dem zum Teehaus gehörenden Garten umhergehen. Trittsteine verhindern, daß das empfindliche Moos zertreten wird, und die Teilnehmer der Teezeremonie bekommen keine nassen Füße und werden unaufdringlich zu den schön-

Die runden Formen, die Platten fügen sich dem Boden ein – Trittsteine und Wege sind Teil des ästhetischen Konzepts des japanischen Gartens

sten Stellen des Gartens geführt. Die Anordnung der Trittsteine und Wege zeigt die Meisterschaft japanischer Gartenarchitektur. Größe und Form der Steine, ihre Anordnung, die Abstände zwischen ihnen, alles muß in einem harmonischen Gleichgewicht sein.
Dabei ist die Vielfalt erstaunlich. Rechteckige Wegflächen, aus unbearbeiteten, gelegentlich auch bearbeiteten Steinen zusammengefügt, aneinandergelegt. Naturbelassene Steine, im Schrittabstand aufeinanderfolgend, ein Bett aneinandergelegter Bachkiesel, Schrittsteine, die über Wiesenflächen führen. Trittsteine und Wege sind Teil des ästhetischen Konzepts des japanischen Gartens.
Die japanischen Gartenmeister haben auch für das Anlegen der Trittsteine und Wege Regeln entwickelt. So sollen die Steine tief in den Boden versenkt werden. Die Längsachse jedes Steins soll senkrecht zum Weg stehen. Konkave Formen sollten mit konvexen abwechseln.
Auf zwei Meter Weglänge sollen vier bis fünf Steine treffen. Harmonie und Kontinuität sollen den Betrachter, der auf den Trittsteinen geht, gefangennehmen. Die Steine werden nicht sukzessive aneinandergelegt, sondern als Verbindung von Steinen, die an markanten Stellen zuerst gelegt worden sind, am Anfang und Ende des Weges, am Wasserschöpfstein, am Trittstein vor einer Steinlaterne. Nur selten werden Trittsteine in gerader Linie ausgelegt. Kurven, Zickzacklinien, Linien in der Flugformation der Gänse, bewegte Linien, lebendige Formen erfüllen mehr als die geometrisch gezogene Gerade den Wunsch, auch mit dem Weg ein Abbild der gewachsenen und wachsenden Natur zu schaffen.

Sand

Im japanischen Garten überraschen immer wieder leere Flächen, geharkte Rechtecke, ausgesparte und mit Sand bedeckte Flächen. Sand, das heißt in Japan verwittertes Granitgestein mit Körnern von etwa zwei bis fünf Millimeter Durchmesser.
Eine Sandfläche, in die Linien gezogen sind, an einer Stelle ein abgeflachter Kegel aus festgeklopftem Sand.

Eine Fläche: grau und doch lebendig im Spiel des Lichts – Die Sandlinien werden sorgfältig gepflegt und mit einem Holzrechen nachgezogen – Sind die Kegel Berge im Meer, die Linien-Wellen, die das Wasser an den Fuß der Berge spült? Die Leere ist auch Öffnung, durch die das Wesentliche hereinbricht

Eine Fläche: grau und doch lebendig im Spiel des Lichts. Geharkte Linien umstreichen zwei niedrige Kegel, laufen auf sie zu. Die Sandlinien werden sorgfältig gepflegt, mit einem Holzrechen nachgezogen, sind genau parallel angeordnet.
Der Betrachter sitzt vor dieser Fläche, läßt die Bewegungen, die Zeichnungen auf sich wirken. Sind die Kegel Berge in einem Meer, die Linien Wellen, die Wasser an den Fuß der Berge spülen?
Der Sand bleibt Sand, die Steine sind Steine. Doch im betrachtenden Sitzen, in der Einübung, die nicht wohlige Versenkung, nicht stimmungsvolles Hin und Her ist, geschieht die Verwandlung.
Plötzlich sind die Abdichtungen des alltäglichen Lebens, die Verkrustungen, die Verhärtungen, die man sich in der Hetze des Alltags angeeignet hat, durchbrochen. Über die verstandesmäßige Wahrnehmung hinaus wird man sich plötzlich einer langgesuchten Ordnung bewußt. Man kann erfahren, daß die Selbstverwirklichung nicht im Haben, sondern im Sein besteht.
Und staunend begreift man, daß die Leere des Trockenlandschaftsgartens eine unendliche Fülle bereithält. In winziger Ausdehnung ist das ganze Universum einer Landschaft eingefangen.

Sand als Zeichen für Wasser. Die Sandfläche symbolisiert die Wasserfläche, wird zur Wasserfläche und ist mehr als eine Wasserfläche.
Sand in eine sichtbare Ordnung gebracht. Die Körner, die das Licht brechen, die am Abend das Licht anders als am Morgen reflektieren.
Und neben der Sandfläche der festgeklopfte Sandkegel. Sand, was sonst? Und zugleich ein Symbol für den heiligen Berg Fuji, für den Weltberg.
Vor allem aber wieder das Leere, das Gereinigte, die klare, abstrakte Form, gebildet aus dem ganz Konkreten. Doch die Leere ist auch Öffnung, durch die das Wesentliche hereinbricht.
So, wie es im 11. Spruch des Laotse heißt:
Dreißig Speichen treffen auf die Nabe,
aber die Leere zwischen ihnen erst macht sie zum Rad.
Aus Ton sind die Töpfe gemacht,
aber nur die Leere zwischen dem Ton macht sie zu Töpfen.
Und auch dies sagt Laotse:

> Übe das Nicht-Handeln:
> so wird alles geordnet.

Wasser

In den Trockenlandschaftsgärten symbolisieren die Sandflächen Wasserflächen, in den Teichgärten luden in der frühen Zeit die großen Wasserflächen zu Bootsfahrten und Festlichkeiten ein. In den meisten Gärten und in den Tempeln Japans findet sich ein Wasserschöpfstein, ein Wasserschöpfbecken, ein Steintrog, in die frisches Wasser fließt. Das Wasser ist dem Menschen zur Erfrischung angeboten, und zugleich sind sein Fließen und seine Kühle Zeichen für das Belebende. Der Besucher des Gartens schöpft mit der Spankelle oder einer Kupferkelle das Wasser, schöpft es über die Hände, läßt es in den Mund rinnen. Er reinigt sich mit dem Wasser und erfrischt sich mit ihm. Wasser ist die köstlichste, reinste Gabe, das lebendigste Ge schenk der Natur. Wasser besitzt in allen Kulturen einen symbolischen Charakter. Im japanischen Garten ist die Wasserstelle zunächst einfach nur für den Gebrauch da. Doch indem der Mensch achtsam das Wasser schöpft, indem er sorgsam mit dieser Erfrischung umgeht, erfährt er ganz sinnlich das reine Element als ein Geschenk, als Gabe, für die er danken muß. Wasser: in allen Kulturen wird es zum Element in religiösen Riten, in der Liturgie. Es ist Träger eines Sakraments, es begründet Gemeinschaft in einem Zeichen.

Im japanischen Garten ist Wasser das verbindende Element. Es lädt den Trinkenden ein, teilzuhaben an der köstlichen Frische der unverstellten, unvermischten Natur.

Auch das Wasser ist Teil des ständig präsenten Zusammenhangs, einer den Menschen umfassenden, einbeziehenden Einheit alles Lebendigen. Die Harmonie der Proportionen, das Aufeinanderbezogensein von Stein und Moos, der wahrgenommene Fall der Regentropfen auf das Dach, das Tropfen des Wassers in eine Steinhöhlung, alles nimmt den Menschen hinein in den größeren Zusammenhang.

Und so wird auch die kleinste Wasserfläche in einem Garten nicht einfach zum Schmuck, sondern zum Spiegel.

Jeder, der einen Garten anlegt, sollte wenigstens eine kleine Wasserfläche einplanen. Der Mensch, der sich vor das Wasser setzt, der nur schaut, kann übend im Wasserspiegel das Ganze der Welt erkennen.

Die kleine Wasserfläche wird zu einem Auge, das den Betrachter anzublicken scheint, ihm etwas mitzuteilen vermag.

Der japanische Garten lehrt dem Menschen das nachdenkende Schauen. Und so könnten Anre-

gungen aus dieser Gartentradition auch in unsere Gärten Elemente der Meditation einbringen. Schon eine kleine Wasserfläche vermag die Stille zu sammeln, die schweifenden Gedanken zu ordnen. In einem Gedicht Busons heißt es:

In jedem Dorf
tiefer der Schlaf;
fallende Tropfen.

In wenigen Worten ist das Geheimnis der Wassergeräusche angedeutet. Der Laut der fallenden Tropfen, das leise Rauschen des Wassers stört uns nicht, sondern läßt uns nur tiefer, beruhigter schlafen.

Wasser besitzt in allen Kulturen einen symbolischen Charakter. – Ein Schöpfstein, an dem der Mensch achtsam Wasser schöpft. – Das Wasser lädt ein, teilzuhaben an der köstlichen Frische der unverstellten, unvermischten Natur. – So wird die kleinste Wasserfläche auch zum Spiegel. Im Wasserspiegel das Ganze der Welt erkennen

Pflanzen

Japan kennt nicht die ausladenden Landschaftsgestaltungen englischer Gärten, nicht die Gruppierung hoher Bäume um weite, offene Wasserflächen, nicht den bunten Zauber englischer Landgärten, nicht die Blumenfülle unserer Bauerngärten.
Und auch die großen kaiserlichen Gärten sind dadurch gekennzeichnet, daß überschaubare Räume und Perspektiven die sanft ordnende Hand des Menschen erkennen lassen, ohne daß strenges geometrisches Maß sie bestimmen würden. Fließend sind oft die Übergänge hin zu den bewaldeten Hügeln. Und sogar der nur ein Tennisfeld große Trockenlandschaftsgarten des Ryoan-ji bezieht ein wenig die Bäume ein, die sich jenseits der niedrigen, umfriedenden Mauer befinden.
In den japanischen Gärten fehlt die laute, bunte, fröhliche Vielfalt der Blumen, fehlt das üppige Blühen und Prunken. Nur selten ist in den größeren Gärten ein Beet mit Lilien anzutreffen, und auch die Lilienbeete erscheinen eher als monochrome, denn als bunte Flächen. Auch die Teichrosen oder der blühende Lotos bringen einen zarten, zurückhaltenden Farbakzent wie auch die Azaleenbüsche.

Es fehlt die laute, bunte Vielfalt der Blumen. – Der blühende Lotos bringt einen zarten Farbton. – Die Kiefer eignet sich besonders gut als Gartenbaum. – Moos: Wachsen, das stiller ist als das Wachsen der Bäume und Büsche. – Moose: Pflanzen der Stille. In den winzigen Gewächsen Abbilder von Bäumen, von lebendigen Landschaften

Die Bäume kommen meist schon in ihrer endgültigen Größe in den Garten und werden durch kunstvolle Pflege, durch Trimmen und Beschneiden in ihrer ursprünglichen Größe gehalten. Nicht nur in den berühmten Kunstgärten werden Bäume so beschnitten und gepflegt. Auch der kleine Hausgarten auf dem Dorf, in der Stadt, enthält Bäume und Büsche, die gleichsam auf menschliches Maß zurechtgeschnitten sind, die überschaubar bleiben.
Abgesehen von den großen Tempelbezirken, die sich über weite Hänge hinaufziehen und auf denen hohe Zedern stehen, finden in den Gärten nur jene Gewächse Platz, die der Mensch in Zucht halten kann. Besonders die Kiefer eignet sich als Gartenbaum. Aber auch sie darf nicht hoch und gewaltig aufwachsen, sondern wird in Form gebracht und gehalten, in einer ihrem natürlichen Wachsen entsprechenden Gestalt. Auch für sie ist die natürliche Landschaft Vorbild. Die Kiefern in den Gärten gleichen den Kiefern, die in der Natur wachsen, die sich an Felsen klammern, die auf einem aus dem Meer ragenden Felsen stehen. In den Gärten wie in der Malerei auf den Rollbildern und Wandschirmen sind sie zum unverkennbaren Zeichen der japanischen Landschaft geworden.
Eines der japanischen Gartenwunder ist der Saiho-ji, der Moosgarten in Kyoto. Hunderte verschiedener Moosarten haben den ganzen Garten in Besitz genommen, bedecken den Boden des Tempelgartens. In allen Grünschattierungen wachsen sie zwischen den Steinen, unter den Bäumen, säumen die Wasserläufe und Teichflächen. Eine Vegetation nicht von bunter, sondern zurückhaltender Vielfalt. Ein Wachsen, das stiller zu sein scheint als das Wachsen der Bäume und Büsche.
Die Mooskissen dämpfen alles Laute. Im Schatten der Bäume hält sich die Luft feucht, das winzige Leben kann sich ungehindert entfalten. Aber nicht nur im Saiho-ji werden Moosarten gepflegt. Moose siedeln sich in allen anderen Gärten am Fuße der Steinsetzungen an, sie säumen die Sandflächen und die Teichbuchten. Moospolster in Steinvertiefungen, zwischen Steinplatten am Wasserbecken.
Man muß dem Moos nur Zeit zum Wachsen geben, dann verbreitet es sich in einzigartiger Schönheit. In unseren Gärten wird Moos immer noch als Eindringling, als Unkraut angesehen und vertilgt. Das Moos braucht Zeit und Feuchtigkeit um gedeihen zu können.
Und dann sind die Mooshügel, Moosinseln und Mooskuppen etwas vom Schönsten, das ein kleiner Garten zu bieten hat.

Die weichen Formen, die Abstufungen des Grüns, das Zusammenspiel mit den Farben der Steine, machen Moos zu einem der lebendigsten Bestandteile des japanischen Gartens, jedes Gartens. Moos hat Platz in der winzigsten Ecke. Moose sind Pflanzen der Stille, sie umhüllen und polstern. Sie sind in den Gärten Abbilder der Landschaft und Welt.
Wer sich hinunterbückt zum Moos, wer die Augen nahe an ein Moospolster heranführt, wird in den winzigen Gewächsen Abbilder von Bäumen, von lebendigen Landschaften entdecken.

Hügel

In manchen Gärten sind grasbewachsene Hügel angelegt. Einer der berühmtesten Hügelgärten liegt in Kumamoto, der Garten des Suizen-ji-Tempels. Der Haupthügel symbolisiert den heiligen Berg Fuji, der immer wieder auch in der japanischen Kunst erscheint, auf den Farbholzschnitten des Hokusai wie auf vielen Tuschmalereien.
Sanft führen die grünen Flanken des Hügels zum Gipfel, einzeln und in Gruppen stehende Kiefern begleiten den Schwung der Abhänge. Sie sind eingefügt, eingebunden in ein überschaubares Konzept eines Gartens. Auch der Hügelgarten des Suizen-ji ist überschaubares Abbild einer Landschaft, ist vom Menschen gefügtes, der Natur nachempfundenes Kunstwerk.
Aber auch Inseln im japanischen Meer sind Vorbilder für die Hügel. Manche bilden die Sagengestalten Schildkröte und Kranich nach. Die Schildkröte: die breit hingelagerte Figur, der Kranich: die steiler aufstrebende Figur.
In vielen Gärten wurde der Teichaushub benutzt, um einen Hügel zu formen. Durch Hügel erhält der Garten eine sanft bewegte Gestalt. Zur Betrachtungsseite hin fallen die Hügel weich ab, steil dagegen zur nicht sichtbaren Grenze des Gartens hin.
Hügel können auch ausgeflachte Wölbungen sein, die meist mit Moos bewachsen sind und in eine Sandzone hin ausufern.
Gelegentlich werden in den Hügel hinein auch Steine gesetzt, mit einem dominierenden Stein auf dem Gipfel.
Als plastisches, hügelähnliches Element sind auch geschnittene Büsche anzutreffen, die oft in Gruppen stehen und in unterschiedlichen Grünfärbungen aufkuppeln. So scheinen sie Hügelketten abzubilden.

Durch Hügel erhält der Garten eine sanft bewegte Gestalt. – Der Hügelgarten des Suizen-ji Tempels. – Als plastisches, hügelähnliches Element sind auch geschnittene Büsche anzutreffen

Laternen, Statuen, Brücken, Wasserbecken

In den japanischen Gärten trifft man auf verschiedene Formen von Steinlaternen. An den Wegen, die zu den Schreinen führen sind sie als Dankeszeichen der Gläubigen häufig in langen, sogar gestaffelten Reihen aufgestellt.
Vor allem aber im Teegarten hatten die einzeln aufgestellten Laternen die Aufgabe, dem Besucher auch in der Dämmerung oder Dunkelheit den Weg zu weisen. Die Laterne sollte jedoch nicht den ganzen Garten erhellen, sondern nur Lichtinseln schaffen, einige wenige Stellen wirklich erleuchten.
In Gärten, die zu Tempeln gehören, sieht man auch kleine Buddhasteinfiguren. Sie sind Zeichen der Verehrung Buddhas, Votivgaben und haben Eingang auch in manche Privatgärten gefunden.
Brücken überqueren Wasserläufe; im japanischen Garten aber kommt der Brücke eine eigene ästhetische Qualität zu. Am Anfang standen die chinesischen Brücken, die meist aus Holz gefertigt waren. Doch weit häufiger trifft man auf Steinbrücken. Sie erscheinen im Trokkenlandschaftsgarten ebenso wie in den Teichgärten. Dabei hat die Brücke weniger eine praktische als eine ästhetische Funktion.
Die Steinbrücke ist ästhetisch-symbolisches Element der Gartenkomposition.
Neben den Steinlaternen sind häufig steinerne Wasserbecken anzutreffen. Ursprünglich für eine Reinigungszeremonie gedacht und vor Schreinen und Tempeln aufgestellt, damit die Pilger sich die Hände reinigen und den Mund ausspülen konnten, haben sie bald Eingang in die Gärten gefunden.

Begrenzungen

Aus Bambusstäben gefügte Zäune, mit Stricken kunstvoll verbundene Hölzer, mit Holzschindeln oder Keramikplatten belegte Mauern begrenzen, umgrenzen die Gärten. Sie grenzen den Gartenraum ein und aus, sie setzen die Grenze und machen das Kunstwerk Garten überschaubar. Die Begrenzungen sind selbst Kunstwerke. Eine Wand, eine Mauer ist nicht einfach eine Fläche; in ihrer Gliederung, in den unterschiedlichen Teilflächen zeigt sich, wie sehr auch hier ästhetische Gesetze wirken, wie stark eine gegliederte Fläche das Auge ansprechen kann.

Steinlaternen als Dankeszeichen der Gläubigen vor einem Tempel

Kleine Buddhastatuen als Zeichen der Verehrung und als Votivgaben. –
Eine Brücke nach chinesischem Vorbild

Die Steinbrücke: ästhetisch-symbolisches Element der Gartenkomposition – Steinerne Wasserbecken: ursprünglich für eine Reinigungszeremonie gedacht

Eines der schönsten Beispiele ist die Mauer, die auf der Längsseite den Ryoan-ji begrenzt. Eine Mauer, gerade mannshoch, mit Ziegeln gekrönt. Eine Fläche, gefärbt, genarbt, gezeichnet von Jahrhunderten, eine wunderbare Fläche, auf der Ocker- und Grautöne erscheinen, rote und bräunliche wie in Freskotechnik hingesetzte, abstrakte, auslaufende Grenzen. Eine Mauer: nichts als eine Mauer und doch ein Welthorizont, der das steininselbesetzte Kiesmeer eingrenzt.
Zäune werden in einer besonderen Flechttechnik zusammengesetzt. Stricke umfassen die runden Bambusstäbe, die gespaltenen Stäbe, die Holzlatten. Zäune, Begrenzungen aus Brettern gefertigt, die im Regen und in der Sonne ein lebendiges Graubraun angenommen haben. Holzflächen wie an den Tempelwänden, gerippt und gebändert, in Jahresringen gezeichnet.
Zu den Begrenzungen gehören die Tore, die Eingänge. Nicht einfach Löcher in der Mauer, sondern kunstvoll überdachte Öffnungen, die nachts geschlossen werden können. Öffnungen mit betonten Seiten, mit Dächern, die wie die Tempeldächer die Hügelbewegung, eine Hügellinie nachzeichnen.
Viele der Begrenzungen sind durchlässig. So wie in den Wohnungen und Häusern die Abgrenzungen, Trennungen nicht sehr stabil und geräuschdurchlässig sind, so sind auch die Flecht- und Bindezäune eher optisch ästhetische Markierungen als undurchdringliche Barrieren, aber sie gewähren doch den Schutz nach außen, auch wenn sie nur aus Ruten, Bambusstäben, Spaltbambus oder Gräsern und Matten bestehen.

Eine Mauer: nichts als eine Mauer und doch ein Welthorizont, der das steininselbesetzte Kiesmeer eingrenzt

Mit Stricken kunstvoll verbundene Hölzer

Tore, Eingänge: kunstvoll überdachte Öffnungen

Die Begrenzungen: selbst Kunstwerke

Berühmte Zen-Gärten

Saiho-ji

Im 8. Jahrhundert wurde der Moos-Tempel in Kyoto gegründet, der Saiho-ji oder volkstümlich Kokedera. Unter dem Priester Muso Soseki wurde die Anlage 1339 renoviert und neu gestaltet. Muso war ein bekannter Gartenkünstler und wollte, daß die von ihm entworfenen Gärten der Meditation dienen sollten. Der Moos-Tempel-Garten ist als ein paradiesischer Ort für die Meditation, die Stille entworfen. Schon vor der Neugestaltung im 14. Jahrhundert bestand der Garten und war als Paradies-Garten errichtet worden. Zusammen mit dem vielbuchtigen Teich war er irdisches Abbild des himmlischen Amida Buddha Paradieses. Doch erst später überließ man der Natur den Garten. Moos fing zu wuchern an, und das feuchte Klima begünstigte das Wachstum.
Heute bedecken unzählige Moosarten den ganzen Garten. Ein Weg führt den Betrachter von einem Meditationsplatz zum anderen. Er blickt auf die niedergesunkenen, verfaulenden und schon mit Moos besiedelten Baumreste, er sieht die Bäume sich im dunklen Wasser spiegeln, die Welt ertrinkt gleichsam in der Stille der Moospolster.
Moos auf den Steinen, unter den Bäumen. Eine Vegetation von kaum glaublicher Vielfalt breitet sich aus. Doch das Wachsen ist nicht wuchernd, sondern gedämpft, still. Grün überwächst Grün, grenzt sich von anderem Grün ab. Dieser Garten benötigt keine Farben, nur der Wechsel der Jahreszeiten beschert ihm das durchsichtige, frische Grün des Frühlings und die Blätterfarben des Herbstes. Kieswege führen durch die Mooslandschaft. Immer wieder bleibt der Besucher stehen, neue Perspektiven öffnen sich ihm. Er beugt sich nieder. Das winzige Wachsen nimmt ihn gefangen.
Jedes Fleckchen ist ein Hinweisen, es scheint die ganze Welt zu umfassen. Im Moos-Garten ist eines der Kennzeichen der Zen-Kunst auf überwältigende Weise erfüllt: reine Stille, nichts Geräuschvolles. Und das meint: Stille in der Bewegung, lebendige Stille, Stille, die nicht tot ist und nicht tötet, sondern das Wachsen sogar

Der Moos-Garten: ein paradiesischer Ort für die Meditation – Die Welt ertrinkt in der Stille der Moospolster. – Intensität der Rück-Spiegelungen – Reine Stille: nichts Geräuschvolles

unterstützt. Da ist eine Brücke, da ist ein in den Grund eingesunkenes Boot. Alles wird zum Zeichen, unaufdringlich, unergründlich, eindringlich. Jede Ecke dieses Gartens erweckt den Eindruck, unberührte Natur zu sein. Doch jede Perspektive, jeder Durchblick sind geplant, angelegt. Ein Kosmos ist entstanden, in dem die Wirklichkeit abstrahiert und gesteigert wurde, in dem auf engstem Raum der Blick sich in die Unendlichkeit und Unergründlichkeit weitet.
Der Besucher des Moos-Gartens hält an vor einem Wasserspiegel des Teichs. In ihm spiegeln sich die Bäume des Gartens, Äste bewegen sich in den kaum wahrnehmbaren Bewegungen des von einem Lufthauch bewegten Wasserspiegels. Die kleine Wasserfläche ermöglicht ein tiefergehendes Sehen. Es bedarf der Übung, um die Stille solcher Augenblicke bemerken zu können, die Intensität der Rück-Spiegelungen. Der japanische Garten aber übt ein in dieses Aufmerken. Es ist die in Japan seit Jahrhunderten lebendige Tradition der Einübung in die vollkommene Stille. Doch Stille meint hier nicht ein Sichtreibenlassen, Gehenlassen. Die Sinne sind ganz wach im Erfahren der Stille und bemerken das vor den Augen Liegende.
Dieser Garten mit seinen wenigen wechselnden Farben, den Azaleen im Mai, den Lotosblüten im Juli im Teich und den Ahornbränden im Herbst ist ein Garten der Jahreszeiten, der Raum gibt für das Zusichkommen, das Einkehren in die Stille.

Daisen-in

Die große Tempelanlage des Daitoku-ji in Kyoto wurde als Mittelpunkt der Rinzai-Zen-Sekte bereits im 14. Jahrhundert errichtet und mehrmals durch Brände zerstört.
Die noch heute bestehenden Anlagen stammen aus dem 16. Jahrhundert. Der Mönch Kogaku Shuko (1464 bis 1548) gründete den Daisen-in, den Tempel, der mit seinem Garten zu den Meisterwerken der Zen-Gartenkunst zählt.
Man hat die Gartengestaltung auch dem Maler Dobo Soami (1472–1525) zugeschrieben und gesagt, der Trockenlandschaftsgarten des Daisen-in sei das getreue Abbild eines chinesischen Tuschbildes aus der Sung-Zeit (960–1279).

Eine Trockenlandschaft von faszinierender Wirkung – Steine, die ein Gebirge formen

Der Daisen-in enthält zwei berühmte Zen-Gärten, den Südgarten, der nur aus einer geharkten Sandfläche mit zwei kegelförmigen Haufen besteht, und den Nordostgarten, der auf der winzigen Fläche von nur 100 m^2 eine Trockenlandschaft von faszinierender Wirkung und Abstraktion zeigt, mit Steinen, die ein Gebirge formen, mit einem Sandstrom, der als abstraktes Wasser über die Felsen stürzt, unter Brücken fließt, um Inseln herum und schließlich sich breit wie ins Meer ergießt.
Im Südgarten ein Stein in Gestalt eines Schiffes, ein breiter Sandstrom und Inseln im Meer. Zusammen mit den wenigen ausgewählten Pflanzen eine Anordnung, die den Eindruck eines großen Raumes, einer großen Landschaft erweckt und den Betrachter hineinnimmt in die bewegte Szenerie. Ein in sich geschlossenes Kunstwerk, das vollkommen den Geist des Zen-Buddhismus wiederspiegelt.

Eine geharkte Sandfläche mit zwei kegelförmigen Haufen: eine Meereslandschaft? – Ein Sandstrom: Wasser, das über Felsen stürzt – Ein Stein in Gestalt eines Schiffes – Auf winziger Fläche: der Eindruck einer großen Landschaft

Ryoan-ji

Der Ryoan-ji in Kyoto ist die höchste Form des geistigen Gartens. Auf einer ebenen Fläche geharkten Sandes sind einige unbehauene Steine gesetzt. Das Gelände des Tempels und Gartens gehörte seit ältesten Zeiten der Fujiwara-Familie, einer Adelsfamilie, die politisch in der Heian-Zeit führend war. In dieser Zeit wurde ein Teichgarten angelegt, der noch heute im unteren Teil der gesamten Tempelanlage zu sehen ist. Dann kam der Besitz in die Hände der Hosokawa-Familie, einer wichtigen Samurai-Familie, die im Kyoto des 15. Jahrhunderts großes Ansehen besaß.
Hosokawa Katsumoto starb während des Onin-Kriegs (1467–1477) und bestimmte, daß auf dem Gelände ein Tempel der Rinzai-Zen-Sekte errichtet werden sollte. Um etwa 1500 wurde der Steingarten gebaut. Der Ryoan-ji hat am eindrucksvollsten die Idee des Zen verwirklicht. Er ist ein Weltmittelpunkt, in dem kosmische Kräfte sich konzentrieren. Ein Rechteck, begrenzt von einer ziegelgedeckten Mauer im Süden und Westen. Auf der Fläche, in den Sand gesetzt: fünfzehn Steine; keine Bäume, keine Pflanzen wachsen in diesem Rechteck. Die Abstraktion aus Stein und Sand ist vollkommen.

Am besten setzt man sich auf die Stufen des Tempelgebäudes oder in eines der Zimmer des Tempels, um den Garten auf sich wirken zu lassen. Sein Geheimnis entfaltet sich am eindringlichsten ganz früh am Morgen, wenn die ersten Sonnenstrahlen auf die Steine treffen oder am Abend, wenn Steine und Sandlinien Schatten werfen, wenn das Abendlicht einen goldenen Schein an die Mauer wirft.
Die Zusammenstellung der Steine, die Proportionen sind es, die gefangennehmen.
Eine nicht entschlüsselbare Ordnung.
Die Steine sind von links nach rechts in fünf Gruppen nach dem Schema 5-2-3-2-3 angeordnet. Aber man kann auch die zwei Steingruppen links und die daran anschließenden Gruppen als je eine Einheit betrachten und kommt dann zu dem Schema 7-5-3.
Man kann aus den Anordnungen versuchen Gesetze herauszulesen, man kann die Entfernungen und Steingrößen messen, die Kranichfiguration oder die Schildkrötfiguration entdekken, man kann herausfinden, daß im Ryoan-ji nicht die klassisch-traditionelle Dreier-Steingruppierung gewählt wurde. Man sieht, daß einmal die kleineren Steine auf die rechte Seite des Hauptsteins der Gruppe gebracht wurden, zum anderen die Seitensteine so tief in die Erde gesenkt wurden, daß sie nur noch wie flache Inseln erscheinen.
Man kann, wie schon gesagt, eine Meereslandschaft vor sich sehen oder eine Tigerfamilie, die schwimmend einen Bergbach quert. Und man kann trotz aller Deutungsversuche nichts erfahren haben. Das Geheimnis der Ordnung dieses Gartens bewegt den bereiten, offenen Beschauer, macht ihn still. Der Zen-Meister Soami, der wahrscheinlich diesen Garten geschaffen hat, hat ein unergründliches Meisterwerk des Gleichgewichts zwischen Sichtbarem und Unsichtbarem, zwischen Wirklichem und Unwirklichem hinterlassen. Es erschließt sich aber eigentlich nur dem Meditierenden, dem der sich ins Hineinschauen eingeübt hat.
Im Ryoan-ji kann sich etwas dem Zen-Bogenschießen Vergleichbares ereignen. Beim Bogenschießen muß der Schütze zur unbewegten Mitte werden. Und so schnellt der Pfeil, obgleich der Schütze die Augen geschlossen hat, in die Mitte der Scheibe. Unnachahmliche Harmonie des Verhältnisses von leerem Raum und den gesetzten Steinen.
Dieser Garten ist konkret, erfahrbar gewordene Zen-Idee. Aber hier ist Zen nichts mehr Symbolisches. Die Steine bleiben Steine. Alles ist genau wie es ist und im Augenblick der Erfah-

Auf einer ebenen Fläche geharkten Sandes einige unbehauene Steine gesetzt

Ein Weltmittelpunkt, in den kosmische Kräfte sich konzentrieren. – Begrenzt von einer ziegelgedeckten Mauer

Wenn die Steine und Sandlinien Schatten werfen –
Eine Meerlandschaft mit Inseln?

Eine nicht entschlüsselbare Ordnung

Gleichgewicht zwischen Sichtbarem und Unsichtbarem, zwischen Wirklichem und Unwirklichem

rung auch ein Anderes, das plötzlich genauso konkret, wirklich erscheint wie das Handgreifliche. Man muß nichts suchen und kann alles finden. Die Kraft der Dinge ist stark genug. Der Mensch bedarf der Ordnungen. Beim Betrachten der sorgfältig geharkten Sandfläche des Ryoan-ji wird diese Erkenntnis selbstverständlich. Der Ryoan-ji ist nicht einfach eine Verkleinerung der Natur, sondern Ausdruck einer kosmischen Ordnung, in die auch der Mensch hineinversetzt ist.

Anregungen

Bauen Sie in Ihren Garten einige Elemente des japanischen Gartens ein. Nutzen Sie eine Ecke Ihres Gartens als japanischen Garten. Man benötigt ja nur wenig Platz, um einen Stein, eine besondere Pflanze zur Geltung zu bringen. Es geht dabei nicht darum, die japanische Gartenkunst in den Westen zu verpflanzen oder gar die berühmten Gartenkunstwerke nachahmen zu wollen. Es geht nicht darum, bei der Anlage etwas richtig oder falsch zu machen, sondern darum, einige Prinzipien als Anregungen zu nehmen.
Die Achtsamkeit, mit der der Japaner mit der Natur umgeht, mit der er die Pflanzen pflegt, konnte eine der Anregungen sein, die Sorgsamkeit, mit der er auswählt, bewußt setzt.
Nutzen Sie als Einfriedung Holz, versuchen Sie sich selbst an einem durch Seile gebundenen Flechtzaun aus Bambusstäben oder Rundhölzern, sehen Sie eine winzige Wasserfläche in Ihrem Garten vor, als Höhlung in einem Stein, als kleinen Teich. Legen Sie vor das Haus Trittsteine in einer besonderen Ordnung, versuchen Sie es, beim Anlegen der Wege abzugehen von der geometrischen Aneinanderreihung von Betonplatten. Wählen Sie einige wenige oder nur einen größeren Stein aus und geben Sie ihm einen hervorgehobenen Platz in einem Kiesbeet, in einer Wiese. Und so werden Sie in Ihrem Garten den Ton der Stille, die Intensität der Sprache der einzelnen Elemente vernehmen.
Der Garten läßt Sie auch auf kleinstem Raum Natur erleben, den Wechsel der Jahreszeiten, die Schönheit einer einzelnen Pflanze, eines einzelnen Steines.
Im japanischen Garten soll eine ruhige, beruhigende Atmosphäre zustandekommen. Dies kann nur dadurch geschehen, daß sehr viel sorgfältiger als das bei uns geschieht auf den Standort einzelner Pflanzen, auf die harmonische Verbindung von Pflanzen und Holz, zum Beispiel an einem Flechtzaun, an die Möglichkeit, Moos an einen Stein heranwachsen zu lassen, geachtet wird.
Schon das bewußte Verzichten auf die in europäischen Parks, aber auch in Hausgärten anzutreffende strenge Symetrie, auf gerade ausgerichtete Beete, könnte ein Schritt dazu sein, ein wenig aus den Traditionen japanischer Gartenkunst in unsere Gärten einfließen zu lassen, ohne freilich künstlich japanische Elemente in eine fremde Umwelt und Kultur zu verpflanzen. Wesentlich scheint es zu sein, daß wir ein Gefühl

Nutzen Sie eine Ecke Ihres Gartens als japanischen Garten. –
Versuchen Sie sich an einem Holzzaun, einer Einfriedung aus Bambus

Sehen Sie eine Wasserfläche vor – Geben Sie einem Stein einen hervorgehobenen Platz

Legen Sie Trittsteine in einer besonderen Anordnung

Lassen Sie die Schönheit einer einzelnen Pflanze zur Geltung kommen

Lassen Sie Moos an einen Stein heranwachsen, an ihm wachen

Lassen Sie den kleinen Raum am Reihenhaus, in einem Innenhof zum Betrachtungsgarten werden

Setzen Sie eine Kiefer neben einen Stein – Ihr Garten: ein Erlebnisraum der Ruhe

bekommen für das harmonische Miteinander der Materialien, der Gestaltungselemente. Die heutzutage oft nur kleinen Haus- und Reihenhausgärten könnten Anlaß sein, die zur Verfügung stehenden Flächen als Betrachtungsgarten zu nutzen. Dasselbe gilt für Atriumhöfe, für Lichthöfe und Hinterhöfe.

Die Gestaltung kann damit beginnen, daß der Platz nicht mit vielen sich sehr schnell beengenden Bäumen bepflanzt wird, sondern nur mit einem oder wenigen, die sich gut beschneiden, in Form halten lassen. Ein Zwergahorn neben einer Sitzbank, eine einzelne Kiefer neben einem größeren Stein.

Sogar Dachgärten lassen sich im japanischen Stil bepflanzen und gestalten, allerdings sollte man dafür sorgen, daß eine ausreichend hohe Begrenzung dem Auge den nötigen Halt gibt.

Der japanische Garten bzw. japanische Gestaltungselemente in unseren Gärten geben wieder die Möglichkeit, genau über die Materialien nachzudenken, Steine, Hölzer, Pflanzen, Kies oder Sand materialgerecht einzusetzen und vor allem natürliche, naturhafte Materialien zu verwenden.

Ein Vogelwasserbecken aus Stein, ein simples Seil, das von der Dachrinne das Wasser in eine mit Bachkiesel gefüllte Mulde leitet, ein frei gepflanzter Bambus, das Moos in einer Ecke und am Rande der Terrasse oder am Fuß eines Steines, können einzelne, im Grunde unscheinbare und wenig aufwendige Elemente sein, die den Garten zu einem ganz neuen Erlebnisraum der Ruhe machen.

Anhang

Weiterführende Literatur

Anesaki, Masaharu: Art, Life and Nature in Japan. Tokyo 1973
Blackstone, Judith u.a.: ZEN für Anfänger. Rowohlt Taschenbuch, Hamburg 1987
Bring, Mitchell / Wayembergh, Josse: Japanese Gardens, New York 1981
Engel, David: Japanese Gardens for Today, Tokyo/Rutland 1959
Fleig-Harbauer, Gisela: Der japanische Garten – Wege zu moderner Gestaltung. München, Wien, Zürich 1981
Hayakawa, Masao: The Garden Art of Japan. New York/ Tokyo 1973
Henning, Karl: Japanische Gartenkunst. dumont taschenbücher. Köln 1980
Holborn, Mark: The Ocean in the Sand. Japan: From Landscape to Garden. Boulder 1978
Hoover, Thomas: Die Kultur des Zen. Düsseldorf 1978
Itoh, Teiji: Die Gärten Japans. Köln 1985
Nakane, Kinaku: Kyoto Gardens. Osaka 1967
Schaarschmidt-Richter, Irmtraud: Der japanische Garten. Würzburg 1979
Schwalbe, Hans: Japan. München 1979
Seike, Kiyoshi / Masanobu, Kudo / Engel, David: Japanische Gärten und Gartenteile. Stuttgart 1983
Seitz, Rudolf: Was ist der Weg – er liegt vor deinen Augen. Zen-Meditationen in japanischen Gärten. München 1985
Shibayama, Abbot Zenkei: A Flower does not talk. Tokyo 1980
Shigemori, Kanto: Japanese Gardens: Islands of Serenity. Tokyo 1971
Suzuki, Daisetz T.: Leben aus Zen. Bern, München, Wien 1987
Treib, Marc / Herman, Ron: A Guide to the Gardens of Kyoto. Tokyo 1980
Yoshida, Tetsuro: Der japanische Garten. Tübingen 1957

Zeittafel

Die Vorzeit (3.–6. Jh.): Im 5.–6. Jh. früheste Steinsetzungen.

Asuka- und Narazeit (552–794): Michiko no Takumi errichtet einen Palastgarten. Von 710–784 ist Nara die Hauptstadt.

Heian-Zeit (794–1185): Kyoto wird 794 Hauptstadt. Der Maler Kose no Kanaoka (um 900) ist einer der ersten bedeutenden Gartenkünstler. 1052 entstehen die Phönix-Halle und der Paradiesgarten des Byodo-in Uji bei Nara. Das älteste Gartenbuch SAKUTEI · KI erscheint um 1200.

Kamakura-Zeit (1185–1333): Muso Kokushi legt den Zuisen-ji bei Kamakura an.

Muromachi-Zeit (1338–1573): 1339: Muso Kokushi verwandelt den Saiho-ji in einen Zen-Tempel. Es entsteht der Garten des Moostempels, der volkstümlich Kokedera genannt wird.
1339 wird der Tenryu-ji, ein Teichgarten, gegründet.
1397 wird der Rokuo-ji (Kinkaku-ji) gebaut, der Goldene Tempel. Im Mittelpunkt des Gartens: der dreistöckige Goldene Pavillon.
1482 wird der Jisho-ji (Ginkaku-ji), der Silberpavillon, in einem Paradiesgarten errichtet.
1499 entsteht der Ryoan-ji, der berühmteste Trockenlandschaftsgarten.
Um 1510 entsteht der Trockenlandschaftsgarten Daisen-in im Daitoku-ji.

Edo-Zeit (1615–1868): Der Wandelgarten der Katsura, der Kaiserlichen Villa in Kyoto entsteht um 1620.
1687 wurde der Wandelgarten Korakuen in Okayama begonnen und in drei Phasen vollendet.
Der Wandelgarten der kaiserlichen Villa Shugakuin besteht aus drei Gärten und entstand um 1650.

Meiji-Zeit (1868–1912): 1868 wird Tokyo Hauptstadt. Der Heian-Schrein wurde 1894 aus Anlaß des Gedenkfestes der Erhebung Kyotos zur Hauptstadt vor 1100 Jahren gegründet. Großer Teichgarten an einem Schrein. Der Garten stammt von Ogawa Jihei.

Neuzeit: 1938 gestaltet Shigemori Mirei die Gärten des Tofuku-ji in Kyoto.

Empfehlenswerte Pflanzen

Ahorn: Acer japonicum. Strauch oder kleiner Baum. Blütezeit Mai. Nicht ganz winterhart, braucht geschützten Standort. Wenn die Triebe zurückfrieren, treibt der Ahorn wieder aus. Sträucher sind empfehlenswerter als Bäume. Der Acer japonicum Atropurpureum hat tiefeingeschnittene, tiefrote Blätter.

Bambus: Pseudosasa japonica. Zwei bis drei Meter hohe Bambusart mit braunen Trieben, 10 bis 25 cm langen Blättern. Pseudosasa Graminea. Hohe Bambusart, gedeiht gut in milden Lagen. Im Sommer feucht halten.

Cornus Kuosa: Japanischer Blütenhartriegel. 4 bis 6 Meter hoch. Blüht im Mai/Juni. Im Herbst rote Früchte. Gut zu schneiden.

Cotoneaster Damneri: Wird nur 15 bis 20 cm hoch. Dunkelgrünes Laub, sehr winterhart. Sollte nur wenig geschnitten werden. Zur Bodenbedeckung. Auch andere Cotoneasterarten, die höher wachsen, sind zu empfehlen.

Farne: Polystichum. Aspidiceae. Schildfarn, der humosen Boden verlangt. Polystichum aculeatum, seine glänzend grüne Blattfarbe bleibt auch im Winter erhalten.

Gräser: Verschiedenste Sorten. Einzelpflanzung an hervorgehobenem Standort, mit Steinen umgeben. Zum Beispiel Wiesenhafer oder Festuca-(Schwingel-) Arten.

Kiefer. Pinus pumila. Zwergkiefer. Blaugrün benadelter Strauch, Höhe drei Meter. Pinus densiflora, nicht so hoch wachsend wie andere Kiefernarten, schirmförmige Krone.

Kirsche. Verschiedene Prunus-Arten, dekorative Blüher, gedeihen am besten in tiefgründigen, humus- und kalkhaltigen Böden.

Moose: An einzeln stehenden Steinen, an Wegrändern, zwischen Trittsteinen, an Mauern.

Rhododendron. Ericaceae, artenreiche Gattung mit einer Unzahl von Sorten. Vertragen weder Zugluft noch Trockenheit. Auch intensive Sonnenbestrahlung sollte vermieden werden. Brauchen humusreiche, feuchte und saure Erde. Auch die japanischen Azaleen, wintergrüne Sträucher, gehören zu den Rhododendron.

Seerosen. Nymphaea. Wollen ruhige, geschützte Wasserflächen, brauchen viel Sonne. Sind ein besonderer Schmuck jeder Wasserfläche, mindestens 20 cm Wassertiefe erforderlich.

Wacholder. Juniperus. Gedeihen auch auf armen, trockenen Böden. Juniperus chinensis, verschiedene Sorten, Sträucher.